7つの習慣

スペシャルエディション
“賢者のハイライト”
小倉優子 Ver.

Stephen R. Covey

キングベアー出版

「私利私欲を考えず真心を持って誰にでも接する」

「何に対しても誠実に向き合う」

これは私の目標です。


「もっとこうすればよかったな」

「こういう言い方の方がよかったかな」

と日々反省することも多いのですが、悩んでばかりいても何も変わらない！　と自分自身をプラスな気持ちにするためにも、実は本をよく読んでいます。


『7つの習慣』は、はじめ「難しいビジネス書なのかな？　読めるかな？」と思いました。なので、インターネットで調べたり、漫画版も読んだりして自分なりにわかったことをノートにまとめました。すると、ハイライトやコメントを書いていくうちに、すっと理解ができるようになりました。

そしてわかったことは、『7つの習慣』はビジネスだけではなくて、人への接し方や生き方、子育てにもいかせる本だったんだ、ということです。


私は10代の頃から芸能界の仕事をさせていただいていますが、昔は「仕事をいただいている」ことや「仕事を通じて、私に求められているもの」などについて、あまりきちんと考えられていませんでした。でも子どもが生まれ、私自身にもいろいろな変化がある中で「相手が求めているものに、こたえたい」「関わる人達の気持ちをもっと考えたい」という気持ちが年々強くなっていきました。

今でも「自分のことを第一に考えてしまったな」とか、子どもに対して、本当に子どものために言っていたつもりでも、最後は「自分の感情で叱ってしまったな…」など反省することばかりです。『7つの習慣』と出会って、改めてそういうことを少しずつ減らして、さらに目標としている自分に近づけたらいいな、と思いました。

今回『7つの習慣』を読んでやってみたことが2つあります。

1つ目が「どういう人生を送りたいかを考えて、今やることを決める」こと。

2つ目が「本を読んだらメモを書いたり、ノートにまとめていく」こと。

1つ目は、「今、目先のことだけ」ではなく、もっと先から考えて「今」を過ごしたほうがより大きな気持ちで色んなことを日々考えられるのだなと実感しています。そして2つ目は、ハイライトやコメントをノートに書きだしてみると、とても楽しかったのでおススメです。素晴らしい内容を読んでも、忘れてしまったらもったいないので、これからも続けていきたいと思っています。

『7つの習慣』を読んで、10代や20代…もっと子どものうちから、このようなことを学べたらよいなぁと思いました。最初は少し難しいかもしれませんが、自分の子ども達含め、小学生くらいからぜひ読んでほしい1冊です。

『賢者のハイライト』では、バラエティなどでいつも見ていただいている私とは少し違う、私自身が普段もっている本音の部分を書きました。

「人として」「身近な存在」としての「小倉優子」についても、ぜひ知っていただけたらうれしいです。

『7つの習慣』を読むことで、みなさまの「目標とする自分になる」きっかけとなりますように。

手に取っていただき、本当にありがとうございました。

小倉 優子

THE SEVEN HABITS
OF HIGHLY
EFFECTIVE PEOPLE

第7の習慣
刃を研ぐ
SHARPEN THE SAW

客観的に見るように意識したい!!
客観的に見ると刃を研ぐ時間を作ることで全体の時間が減る → 楽になる!!
↑しかし、当事者だと目の前のことしか見えなくなりがちになる。

バランスのとれた再新再生の原則

ときに小さなことから大きな結果が生み出されるのを目にするとき、こう考えてしまう。小さなことなど一つもないのだ。

——ブルース・バートン

森の中で、必死で木を切り倒そうとしている人に出会ったとしよう。

「何をしているんです？」とあなたは聞く。

すると男は投げやりに答える。「見ればわかるだろう。この木を切っているんだ」

「疲れているみたいですね。いつからやっているんですか？」あなたは大声で尋ねる。

「もう五時間だ。くたくただよ。大変な仕事だ」

「それなら、少し休んで、ノコギリの刃を研いだらどうです？ そうすれば、もっとはかどりますよ」とあなたは助言する。すると男ははき出すように言う。

「切るのに忙しくて、刃を研ぐ時間なんかあるもんか！」

第７の習慣は、刃を研ぐ時間をとることである。成長の連続体の図では、第７の習慣が第１から第６までの習慣を取り囲んでいる。第７の習慣が身につけば、他のすべての習慣を実現可能にする。

再新再生の四つの側面

第７の習慣は個人のＰＣ（成果を生み出す能力）である。あなたの最大の資産、つまりあなた自身の価値を維持し高めていくための習慣である。あなたという人間をつくっている四つの側面（肉体、精神、知性、社会・情緒）の刃を研ぎ、再新再生させるための習慣である。

表現の仕方は違っていても、人生を巡る哲学のほとんどは、何らかのかたちでこれら四つの側面を取り上げている。哲学者のハーブ・シェパードは、バランスのとれた健全な生活を送るための基本価値として、観点（精神）、自律性（知性）、つながり（社会）、体調（肉体）の四つを挙げている。「走る哲学者」と呼ばれたジョージ・シーハンは、人には四つの役割――よき動物（肉体）、よき職人（知性）、よき友人（社会・情緒）、よき聖人（精神）――があると説いている。組織論や動機づけの理論の多くも、経済性（肉体）、処遇（社会・情緒）、育成や登用（知性）、社会に対する組織の貢献・奉仕（精神）のかたちで四つの側面を取り上げている。

「刃を研ぐ」というのは、基本的に四つの側面すべての動機を意味している。人間を形成する四つの側面のすべてを日頃から鍛え、バランスを考えて磨いていくことである。

そのためには、私たちは主体的であらねばならない。刃を研ぐのは第Ⅱ領域に入る活動であり、第Ⅱ領域は、あなたが主体的に行うべき活動の領域である。第Ⅰ領域の活動は緊急であるから、自分から主体的に動

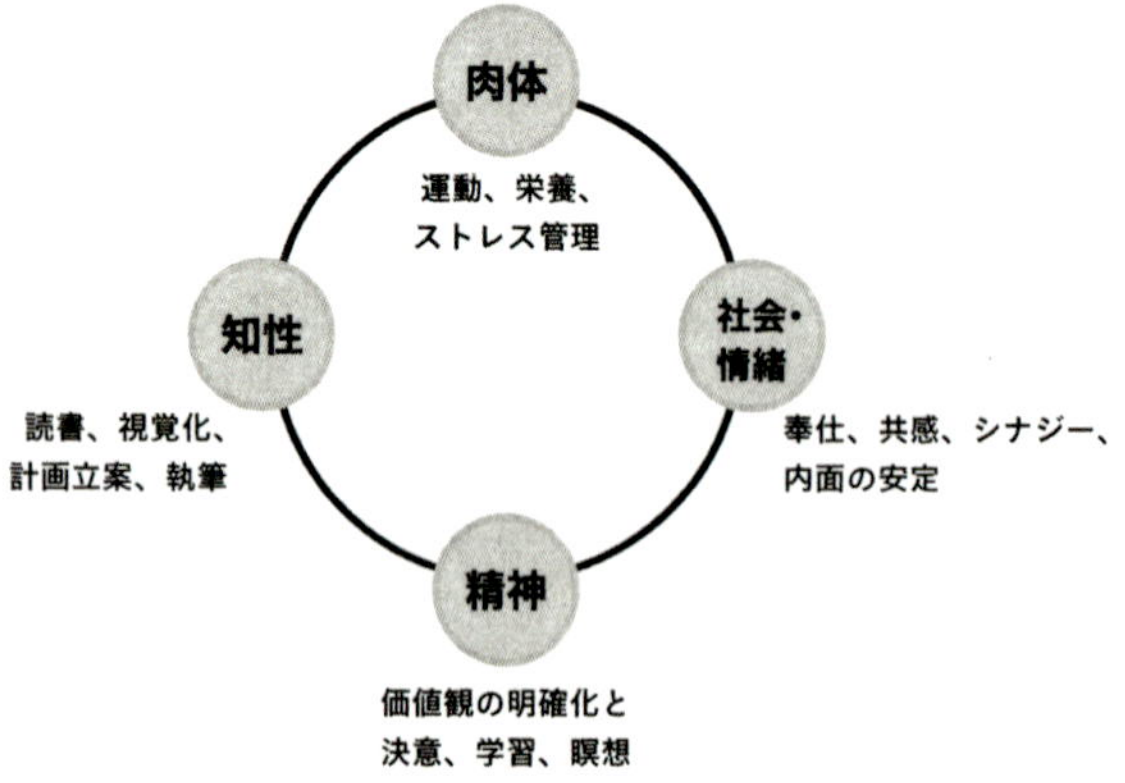

かなくとも、活動のほうからあなたに働きかけてくる。しかしあなたのPC（成果を生み出す能力）は、自分から働きかけなくてはならない。習慣として身について意識せずともできるようになるまで、いわば「健康的な依存症」の域に達するまで、自分から主体的に実践しなければならないのだ。その努力はあなたの影響の輪の中心にあるから、他の誰かに代わりにやってもらうことはできない。自分のために、自分でしなければならないのである。

「刃を研ぐ」ことは、自分の人生に対してできる最大の投資である。自分自身に投資することだ。人生に立ち向かうとき、あるいは何かに貢献しようとするときに使える道具は、自分自身しかない。自分という道具に投資することが「刃を研ぐ」習慣なのである。自分自身を道具にして成果を出し、効果的な人生を生きるためには、定期的に四つの側面すべての刃を研ぐ時間をつくらなければならない。

肉体的側面

肉体的側面の刃を研ぐというのは、自分の肉体に効果的に気を配り、大切にすることである。身体によいものを食べ、十分な休養をとってリラックス

☆重要☆ 睡眠不足にならないように考えなくては。
睡眠不足は気持ちの余裕がなくなる。

睡眠不足だと
子育て→イライラする。「忙しいから」と自分自身と向き合えていない。
仕事→ぼーっとする。
子育てをするのも自分を整えることが大切ではないか。

子供たちと一緒に楽しめること!!
自宅 DVDを観ながらダンス。
なわとび。くま歩き。
ツイスターゲーム。
ケンケンパ。

し、定期的に運動する。

なるべく車は使わず歩く!!
1日30分は歩きたい

運動は第Ⅱ領域に入る波及効果の大きい活動だが、緊急の用事ではないから、続けようと思ってもそう簡単にはいかない。しかし運動を怠っていると、そのうち体調を崩したり病気になったりして、第Ⅰ領域の緊急事態を招くことになりかねない。

多くの人は、「運動する時間なんかない」と思っている。しかしこれは大きく歪んだパラダイムだ。「運動せずにいてもよい時間などない！」と思うべきなのである。せいぜい週に三時間から六時間程度、一日おきに三〇分くらい身体を動かせばいいのである。週の残り一六二時間から一六五時間を万全の体調で過ごせるのだから、たったこれだけの時間を惜しむ理由などないだろう。

特別な器具を使わなくとも運動はできる。ジムに通ってトレーニングマシンで肉体を鍛えたり、テニスやラケットボールなどのスポーツを楽しむこともいいだろう。しかし、肉体的側面で刃を研ぐのに、そこまでの必要性はない。

理想的なのは、自宅でできて、持久力、柔軟性、筋力の三つを伸ばせる運動プログラムである。

毎朝起きたら10分続けたい!! ラジオ体操でも。

持久力をつけるには、心臓血管の機能を高める有酸素運動が適している。心臓が肉体に血液を送り出す機能を強化するわけである。

心臓は筋肉でできているが、心筋を直接鍛えることはできない。脚の筋肉など大きな筋肉群を動かす運動をして鍛えるしかない。だから、早歩きやランニング、自転車、水泳、クロスカントリースキー、ジョギングなどの運動が非常に効果的なのである。

早歩きを意識!!

一分間の心拍数が一〇〇を超える運動を三〇分続けると、最低限の体調を維持できると言われている。

少なくとも自分の最大心拍数の六〇％になれば理想的だ。最大心拍数というのは、一般的には、二二〇から年齢を差し引いた数値だと言われ、心臓が全身に血液を送り出すときのトップスピードのことである。たとえば四〇歳の人なら、最大心拍数は二二〇－四〇＝一八〇だから、一八〇×〇・六＝一〇八まで心拍数を上げる運動が理想的である。最大心拍数の七二～八七％になる運動であれば、「トレーニング効果」が表れるとされている。

柔軟性にはストレッチが最適である。ほとんどの専門家は、有酸素運動の前にウォーミングアップ、後にクールダウンとしてストレッチを行うよう勧めている。運動の前にストレッチすると、筋肉がほぐれて温まり、激しい運動をする準備ができる。運動の後のストレッチは、筋肉にたまった乳酸を散らすので、筋肉の痛みや張りを防ぐ効果がある。

筋力をつけるには、筋肉に負荷をかける運動がよい。シンプルな体操、腕立て伏せや懸垂、腹筋運動、あるいはウェイトを使った運動などである。どのくらいの負荷をかけるかは人それぞれである。肉体労働者やスポーツ選手であるなら、筋力をつけることがそのままスキルアップにつながるが、デスクワークが主体で、それほど強い筋力は必要ないのなら、有酸素運動やストレッチのついでに、筋肉に負荷をかける運動を少しやる程度で十分だろう。

あるとき、運動生理学博士である友人とジムに行った。筋肉強化に取り組んでいた彼は、ベンチプレスをするときに手伝ってほしいと頼んできた。ある時点まできたら、バーベルを一緒に戻してほしいという。「でも私が声をかけるまでは手を出さないでくれ」と彼はきっぱりと言った。

私は彼の様子を見ながら、いつでも手助けできるように構えていた。彼のバーベルは、アップ、ダウンを繰り返した。そのうち、バーベルを上げづらくなってきたように見えた。しかし彼は続けた。いよいよ辛そうになり、それでも続けようしたが、私はもはや限界だろうと思った。だが予想に反して、彼は持ち上げた。上げたバーベルをゆっくり戻すと、また上げ始める。アップ、ダウン、アップ、ダウン。

彼の顔を見ていると、ついに血管が今にも破裂し飛び出してくるかに思え、「いくら何でも今度こそ駄目だ。バーベルが落ちて彼の胸をつぶしてしまうかもしれない。バーベルを支えないと。彼は気がおかしくなって、自分のしていることがわからなくなったのだろう」とまで考えた。だが、彼はしっかりとバーベルを下ろした。そして再び上げ始めた。信じられなかった。

そしてようやく、彼はバーベルを元に戻してくれと私に声をかけた。「なぜそこまでやるんだい？」と私は思わず聞いた。

「運動の効果のほとんどは最後にこそくるんだよ、スティーブン。私は筋肉を強化しようとしているのだから、筋肉繊維が破れて、神経がその痛みを感知するまで続けなくちゃいけない。そこまでやれば、肉体は自然と過剰反応して、その繊維は四八時間以内に以前より強くなるんだ」と彼は答えた。

最初に頑張り過ぎても続かない!!
続けられることを考える!!
ストイックなことは続かない。

これと同じ原則が、忍耐など情緒的な筋肉にも作用している。自分のそれまでの限界を超えるまで我慢し続けると、精神の筋肉繊維が破れ、自然と過補償され、次にそれと同じ負荷がかかっても耐えられるようになる。精神力が強くなるのである。

私の友人は筋力をつけたかった。そして彼は、どうすれば筋力をつけられるかよく知っていた。しかし多くの人は、効果的になるために、そこまで筋力アップに精を出す必要はない。むろん、「痛みがなければ効果なし」という考え方が当てはまる場合もあるが、それは効果的な運動プログラムの本質となるものではない。

肉体的側面の再新再生の目的は、仕事をして、周りの環境に適応し、生活を楽しめる肉体的能力を維持し高めることである。そのために定期的に運動して、刃を研ぐ。

運動プログラムを組むときは、よく考えなければならない。たいていの人はやりすぎてしまうもので、これまでまったく運動していなかった人は特にそうである。そのせいで肉体のあちこちが痛んだり、怪我をしたり、ひどい場合には回復不能な損傷を負うことにもなりかねない。だから少しずつ始めるのがよい。自分の肉体と相談しながら、最新の研究にも注意し、かかりつけの医師のアドバイスに従って運動プログラムを組むことが大切である。

あなたがこれまで運動をしていなかったのであれば、甘やかし、衰えていた肉体は、突然の変化に明らかに抵抗するはずだ。最初のうちは、運動を楽しめないだろう。むしろ嫌で嫌でたまらないかもしれない。しかし、そこで主体的になろう。とにかく実行する。ジョギングする日の朝に雨が降っていても、決行する。「雨か。よし、肉体だけでなく精神も鍛えるぞ！」と張り切って外へ出よう。

運動は応急処置ではない。長い目で見て大きな成果をもたらす第Ⅱ領域の活動である。コンスタントに運動している人に尋ねてみるといい。少しずつ地道に続けていれば、心臓と酸素処理系統の機能が向上し、休息時心拍数が徐々に下がっていく。肉体の耐えられる負荷が大きくなり、普通の活動もはるかに快適にこなせるようになる。午後になっても体力が落ちず、新たなエネルギーが肉体を活性化し、それまではきついと感じていた運動も楽にできるようになる。

運動を継続することで得られる最大のメリットは、第１の習慣の主体的な筋肉も鍛えられることだろう。運動を行うことを妨げるすべての要因に反応せずに、健康を大切にする価値観に基づいて行動すると、自信がつき、自分に対する評価や自尊心、誠実さが大きく変わっていくはずである。

精神的側面

精神的側面の再新再生を行うことは、あなたの人生に対してリーダーシップを与える。これは第2の習慣と深く関係している。

精神的側面はあなたの核であり、中心であり、価値観を守り抜こうとする意志である。きわめて個人的な部分であり、生きていくうえで非常に大切なものである。精神的側面の刃を研ぐことは、あなたを鼓舞し高揚させ、人間の普遍的真理にあなたを結びつけてくれる源泉を引き出す。それを人はそれぞれまったく異った方法で行う。

私の場合は毎日聖書を読み、祈り、瞑想することが精神の再新再生になっている。聖書が私の価値観をなしているからである。聖書を読んで瞑想していると、精神が再生され、強くなり、自分の中心を取り戻し、人に仕える新たな決意が湧いてくる。

偉大な文学や音楽に没入して精神の再新再生を感じる人もいるだろう。自然に抱かれると、雄大な自然との対話から再新再生を見出す人もいるだろう。

自然の恵みがひしひしと伝わってくるものである。都会の喧騒から逃れて、自然の調和とリズムに身を任せると、生まれ変わったような気持ちになる。やがてまた都会の喧騒に心の平和を乱されるにしても、しばらくは何事にも動じることのない平穏な心でいられる。

アーサー・ゴードンは、『The Turn of the Tide（潮の変わり目）』という小説の中で、彼自身の精神の再新再生を語っている。

彼はある時期、人生に行き詰まり、何もかもがつまらなく無意味に思えた。熱意は失せ、執筆にも身が入らず、何も書けない日々が続いた。状況は日ましに悪くなるばかりだった。

彼はついに意を決し、医者の診察を受ける。診察してみてどこにも悪いところはないと判断した医者は、「一日だけ私の指示に従えるかね」とゴードンに聞いた。

ゴードンが「できます」と答えると、こう指示した。「明日、あなたが子どもの頃一番幸せを感じた場所に行って過ごしなさい。食べ物は持って行ってもいいですよ。しかし誰とも話してはいけない。本を読んでもいけないし、文章を書くこともだめだ。ラジオを聞くのもだめ」医者は四枚の処方箋を書いて彼に手渡

私の目標　「ありがとう♡」
感謝の気持ち → 笑顔になる
プラスの気持ち → 笑顔になる

楽観的に　「それイイネ♡」

し、それを一つずつ九時、一二時、三時、六時に開くように言った。

「先生、これは何かの冗談ですか？」とゴードンは言った。

「そのうち請求書を送りますよ。それを見れば、とても冗談とは思わないでしょうな」と医者は答えた。

次の日の朝、ゴードンは海岸に行った。九時、一枚目の処方箋を読む。「耳を澄まして聴きなさい」と書いてある。あの医者のほうこそおかしいんじゃないか、と彼は思った。いったい三時間も何を聴けばいいんだ？ しかし指示に従うと約束した手前、とにかく聴くことにした。ごく普通の海の音、鳥の鳴き声しか聴こえない。だがしばらくすると、最初は気づかなかったさまざまな音が耳に入ってくる。聴きながら、子どもの頃に海が教えてくれたいろいろなことに思いを巡らせた。忍耐、尊敬、あらゆるものは相互に依存しつながり合っていること。それらの音を聴き、そして音と音の間の静寂を聴くうちに、穏やかな気持ちに満たされてきた。

正午、二枚目の処方箋を開く。「振り返ってみなさい」としか書いていない。何を振り返るんだ？ 子どもの頃のことだろうか、幸せだった日々のことだろうか。彼は昔のことを思い出してみた。小さな喜びの瞬間が次々と蘇る。それらを正確に思い出そうとした。思い出しているうちに、心の中に温もりが広がった。

三時、三枚目の処方箋を開く。一枚目と二枚目の処方箋は簡単だったが、これは違った。「自分の動機を見つめなさい」と書いてある。彼は思わず身構えた。成功、名声、生活の安定……今まで追い求めてきたものを一つずつ思い返し、自分の動機に間違いはなかったと自分に言い聞かせた。しかし、そこではたと気づく。これらの動機では足りないのかもしれない。自分が今行き詰っている原因もそこにあるのかもしれない。

ゴードンは自分の動機を深く見つめた。昔の幸福だった日々に思いをはせた。そしてついに、答えが見つかった。

「一瞬のひらめきで確信した」と彼は書いている。「動機が間違っていたら、何をやっても、どれも正しくはない。どんな仕事でも同じだ。郵便配達人だろうと、美容師だろうと、保険の外交員だろうと、主婦であろうと関係ない。自分が人のためになっていると思える限り、仕事はうまくいく。自分のことしか考えずにやっていると、うまくいかなくなる。これは万有引力と同じくらいに確かな法則なのだ」

六時になった。最後の処方箋を開く。この指示を実行するのに時間はさほどかからなかった。「悩み事を砂の上に書きなさい」ゴードンは貝殻を拾い、しゃがんで、いくつかの言葉を足元の砂の上に書きとめた。そして立ち上がって、きび日々考える時間がなかった。時間を投資しよう!!

すを返して歩いていった。後ろは振り返らなかった。そのうち潮が満ちて、すべてを消し去るだろう。

精神の再新再生には、時間を投資しなければならない。これは決して無駄にすることのできない第Ⅱ領域の活動である。

偉大な宗教改革者マルティン・ルターは、「今日はあまりにもすべきことが多いから、一時間ほど余分に祈りの時間をとらなければならない」と言ったという。ルターにとって、祈りは単なる義務ではなかった。自らのうちに活力を蓄え、そしてそれを解き放つために必要な源だったのである。

どんなに大きなプレッシャーにさらされても動じず、平静でいられる禅僧に、「どうしたらあなたのように平静心を保てるのですか?」と誰かが尋ねた。禅僧は「私は座禅の場を離れない」と答えたという。禅僧は朝早く座禅を組み、そのときの平静な精神を一日中、どこにいても頭と心の中に置いているのである。

自分の人生を自分で導くために、リーダーシップを生活の中心に置き、人生の方向、人生の究極の目的を見つめる時間をとると、その効果は傘のように大きく広がり、他のあらゆるものすべてに影響を与える。それによって私

予定をパンパンに詰め込まない。

たちの精神は再新再生され、新たな気持ちになれるのである。

私が人生のミッション・ステートメントを大切にしている理由もここにある。自分の中心と目的を明確にし、ステートメントにしておけば、たびたびそれを見直し、決意を新たにできる。精神を再新再生する毎日の活動の中で、ミッション・ステートメントに記された価値観に沿ってその日行うことを思い描き、頭の中で「予行演習」することができるのである。

宗教家のデビッド・O・マッケイは「人生の最大の闘いは、日々自らの魂の静けさの中で闘われるものである」と教えている。あなたがこの闘いに勝ち、心の中の葛藤を解決できれば、平穏な気持ちになり、自分が目指すものを見出せる。そうすれば公的成功は自然とついてくる。自分の力を生かせると思う分野で他者の幸福のために貢献し、他者の成功を心から喜べるようになるのである。

人生は競争の場所ではない。
協力の場である!!
常にニコニコ顔でいられる人生にしたいな!!

物の見方を変えて
自分が変わる。

知的側面

ほとんどの人は、正規の学校教育で知性を伸ばし、勉学する姿勢を身につける。しかし学校を卒業するなり、知性を磨く努力をぱったりとやめてしまう人が少なくない。真剣に本を読まなくなり、自分の専門外の分野を探求し知識を広げようとせず、分析的に考えることもしなくなる。文章を書くこともしない。少なくとも、自分の考えをわかりやすく簡潔な言葉で表現する能力を試そうともしないのだ。その代わりにテレビを見ることに時間を使っているのである。

ある調査によれば、ほとんどの家庭で週に三五時間～四五時間もテレビがついているという。これは一般的な週の労働時間とほぼ同じであり、子どもたちが学校で勉強する時間よりも長いのである。テレビほど社会的影響力の強いものはない。テレビを見ると、そこから流れてくる価値観にいとも簡単に引き寄せられる。実に巧妙に、知らず知らずのうちに、私たちを強烈に感化しているのである。

テレビを賢く見るには、第3の習慣に従ってセルフ・マネジメントをしっかりと行う必要がある。自分の目的のためになり、自分の価値観に合う番組、適切な情報を得られ、楽しめて、インスピレーションを刺激してくれる番組を選ぶようにする。

わが家では、テレビの時間は週に約七時間までと決めている。一日平均一時間ほどである。あるとき家族会議を開き、テレビが家庭に及ぼしている弊

我が家もテレビの時間を決めてみよう!!
朝30分(次男)　夕方1時間(長男)
見る番組も子供たちと考える。

子供たちはテレビを見すぎていないか。

今の私に足りない能力。
☆意識☆

子供たちに「コレしなさい」「あれしなさい」
↓
「コレどう思う?」「どうしたら良いかな」
の方がgood!!

害を示すデータを見ながら話し合った。家族全員が素直に、かたくなにならずに話し合うことができ、連続ドラマにはまったり、テレビをつけっぱなしにしたりする「テレビ中毒」は依存症の一種だということを、家族の一人ひとりが自覚できるようになった。

ただし、私はテレビの存在に感謝しているし、質の高い教育番組や娯楽番組を楽しんでもいる。そういう番組は生活を豊かにしてくれるし、自分の目的や目標に役立つこともある。しかしその一方で、時間と知性の浪費にしかならない番組、ただ漫然と見ていたら悪い影響しか及ぼさないような番組もたくさんある。自分の肉体がそうであるように、テレビはよい下僕にはなっても、よい主人になることはない。自分の人生のミッションを果たすために使える資源を最大限効果的に活用するには、第3の習慣を実践し、自分自身をきちんとマネジメントできなければいけない。

継続的に学ぶこと、知性を磨き広げていく努力をすることは、知的側面の再新再生には不可欠である。学校に通うとか、体系的な学習プログラムを受講するなど、外からの強制的な教育が必要な場合もあるだろうが、たいていはそのようなものは不要である。主体的である人なら、自分の知性を磨く方法をいくらでも見つけられるだろう。

自分+子供たちのマネジメント。
子供たちも自分でマネジメントができるように、考える力をつけてあげたい。

相手に感情移入し、相手の目を通して人生を見つめる。
自分の答えに急がず、相手の答えに耳を傾けてみる。

知性を鍛え、自分の頭の中のプログラムを客観的に見つめることはとても大切である。より大局的な問題や目的、他者のパラダイムに照らして、自分の人生のプログラムを見直す能力を伸ばすことこそ、教育の定義だと私は考えている。このような教育もなく、ただ訓練を重ねるだけでは視野が狭くなり、その訓練をどのような目的で行うのか考えることができなくなる。だから、いろいろな本を読み、偉人の言葉に接することが大切なのだ。

日頃から知識を吸収して知性を広げていこうと思ったら、優れた文学を読む習慣を身につけることにまさる方法はない。これもまた波及効果の大きい第Ⅱ領域の活動である。読書を通じて、古今東西の偉大な知性に触れることができる。ぜひ一ヵ月に一冊のペースで読書を始めてみてほしい。それから二週間に一冊、一週間に一冊というようにペースを上げていくとよいだろう。「本を読まない人は、読めない人と何ら変わらない」のである。

優れた古典文学や自伝、文化的な視野を広げてくれる良質の雑誌、現代の多様な分野の書籍を読むことによって、自分のパラダイムが広がり、知性の刃を研ぐことができる。本を読むときにも第5の習慣を実践しよう。まず理解に徹しようと思いながら読めば、知性の刃はいっそう鋭くなる。著者が言わんとしていることを理解しないうちに、自分の経験に照らして内容を判断

読書の時間
- 本を持ち歩く → ここからやってみよう！
- 寝る前
- 子供達が起きる前

してしまったら、せっかくの読書の価値も半減してしまう。

文章を書くことも、知性の刃を研ぐ効果的な手段である。考えたことや体験したこと、ひらめき、学んだことを日記につけることは、明確に考え、論理的に説明し、効果的に理解できる能力に影響を与える。手紙を書くときも、ただ出来事を書きならべて表面的な話に終始するのではなく、自分の内面の奥底にある考えや思いを文章で伝える努力をすることも、自分の考えを明確にし、相手からわかってもらえるように論理的に述べる訓練になる。

スケジュールを立てたり、何かを企画したりすることも、第2、第3の習慣に関わる知性の再新再生になる。計画を立てるのは、終わりを思い描くことから始めることであり、その終わりに至るまでのプロセスを頭の中で組み立ててみることである。知力を働かせ、始めから終わりまでのプロセスを思い描き、想像してみる。一つひとつのステップを事細かく思い描くことまでしなくとも、全体の道筋を見渡してみればいい。

「戦争の勝敗は将軍の天幕の中で決まる」と言われる。最初の三つの側面――肉体、精神、知性――の刃を研ぐ努力を、私は「毎日の私的成功」と呼んでいる。あなたの内面を磨く時間を毎日一時間とることを勧めたい。これから一生、毎日一時間でよいから、ぜひそうしてほしい。

どうありたいのか。
どんな人生にしたいのか。

時間の投資

一日のうちわずか一時間を自分の内面を磨くことに使うだけで、私的成功という大きな価値と結果が得られるのである。あなたが下すすべての決断、あらゆる人間関係に影響を与えるだろう。一日の残り二三時間の質と効果が向上する。睡眠の質までよくなり、ぐっすりと眠って肉体を休ませられる。長期的に肉体、精神、知性を日々鍛え、強くし、人生の難局に立ち向かい乗り越えられるようになるのだ。

フィリップス・ブルックス（訳注：米国の宗教家）は次のように言っている。

これから何年か先、君が大きな誘惑と格闘しなければならない日がくるだろう。あるいは人生の深い悲しみを背負い、その重さにうちふるえる日がくるだろう。しかし本当の闘いは、今ここですでに始まっている。大きな悲しみや誘惑にぶつかったとき、惨めな敗北を喫するか、栄光の勝利を手にするか、それは今決まりつつある。人格をつくるには、こつこつと努力を重ねていく以外に方法はないのだ。

社会・情緒的側面

肉体、精神、知性の側面は、パーソナル・ビジョン、パーソナル・リーダーシップ、パーソナル・マネジメントの原則を中心とした第1、第2、第3の習慣と密接に関わっている。それに対して社会・情緒的側面は、人間関係におけるリーダーシップ、共感による相互理解、創造的協力の原則を中心とした第4、第5、第6の習慣と関係するものである。

社会的側面と情緒的側面は結びついている。私たちの情緒は主に人との関係によって育まれ、表に出てくるからである。

肉体、精神、知性の再新再生には時間がかかるが、社会・情緒的側面についてはそれほど時間をかけなくとも再新再生できる。普段の生活で人と接する中で十分にできるからだ。しかし、訓練は必要となる。他者との関係を築く第4、第5、第6の習慣を実行するために必要な私的成功のレベルを獲得し、さらに公的成功のスキルを身につけていなければならない。

たとえば、あなたが私の人生で重要な位置を占める人物だとしよう。上司、部下、同僚、友人、隣人、配偶者、子ども、親類など、どうしても接しなければならない人物、無視することのできない人物で、あなたと私は、何かの目的を達成するか、重要な問題を解決するために、あるいは難局を切り抜けるために、話し合い協力しなければならない状況にあるとしよう。しかし私たちはものの見方が違っている。あなたと私は違う眼鏡をかけている。あなたには若い女性に見える絵が、私には老婆に見えるのだ。

そこで私は第4の習慣を実践して、あなたにこう提案する。「あなたと私とでは、この問題に対する見方が違うようですね。よく話し合って、お互いに満足できる道を探しませんか？　どうでしょう？」こう言われれば、ほとんどの人は「やってみましょう」と答えるはずである。

次に私は第5の習慣に移り、「最初にあなたの考えを聴かせてください」と言う。次に何と答えようかと考えながら聞くのではなく、あなたの身になって共感しながら聴く。あなたのパラダイムを深く、隅々まで理解するつもりで聴く。あなたの主張をあなたと同じくらい正確に説明できるようになったら、今度はあなたにわかってもらえるように自分の考えを述べる。

私とあなたがお互いに満足できる解決策を求めようという決意を持ち、お互いの観点を深く理解できれば、私たちは第6の習慣に進むことができる。認め合った意見の違いを踏まえたうえで、あなたと私がそれぞれ最初に提示していた案よりも優れた第3の案を見つけるために力を合わせるのである。

お互いがWinWinだと happy

理解に徹し理解される。

相手の話しをじっくり聞こう☆
所を沢山見つける
ってステキ♡

まず自分の思いを伝えようとしていないか。
相手の思いを最初に聞く。
そして理解する。

第４、第５、そして第６の習慣において成果を出すには、基本的に知性の問題ではなく感情の問題である。心の安定と密接に関係しているのである。

心の安定を自分の内面にあるものから得ている人は、公的成功の習慣を実践できる強さを持っている。内面が安定していない人は、知力がどれほど高くとも、人生の難しい問題で自分とは違う考えを持つ相手に対して、第４、第５、第６の習慣を実践してみたところで、自分との違いを脅威に感じて尻込みしてしまうだろう。

心の安定の源はどこにあるのだろうか。他の人たちにどう見られているかとか、自分がどんな扱いを受けるかというようなことから得られるのではない。他者から渡された脚本から得られるのでもない。周りの環境や自分の地位も心の安定を与えてはくれない。

心の安定は自分自身の内側から生まれる。頭と心に深く根づいた正確なパラダイムと正しい原則から生まれる。心の奥深くにある価値観と一致する習慣を日々実践する誠実な生き方、内から外へ、インサイド・アウトの生き方から生まれるのである。

自分の価値観に誠実に生きることが、自尊心を呼び起こす源だと私は確信している。昨今売れている本の中には、自尊心は気の持ちようだとか、考え

個性主義ではなく
人格主義

誠実、謙虚、勇気、忍耐

方や態度次第でどうにでもなるとか、その気になれば心の平和は得られるといったようなことが書いてあるものも多いが、それは違うと思う。心の平和は、自分の生き方が正しい原則と価値観に一致していて初めて得られるものであり、それ以外はないのである。

他者との相互依存の関係から得られる心の平和もある。Win-Winの解決策がきっとある、人生は白か黒かの二つの一つではない、お互いのためになる第3の案が必ず見つかるはずだ。そう思えば内面は安定していられる。自分の考え方を否定しなくとも、そこから一歩出れば相手を理解できるのだと思えば、心は安定する。本当の自分を見せて、他者と創造的に協力し、相互依存の習慣を実践して新しいものを見つける体験をすれば、心は少しもぐらつかず、しっかりと安定していられるのである。

人に奉仕し、人の役に立つことも心の安定をもたらす。その意味からすれば、あなたの仕事も心の安定を与える源になる。創造力を発揮して仕事に取り組み、世の中に貢献していると思えるとき、あなたは心の安定を得られるはずだ。人知れず奉仕活動をすることも同じである。誰もそのことを知らないし、誰かに知らせる必要もない。人に褒めてもらうことではなく、他の人たちの人生が豊かになるように奉仕することが大切なのである。目的は人に働きかけ、良い影響を与えることであって、認められることではない。

ヴィクトール・フランクルも、人生に意味と目的を見出すことがいかに重要であるか力説している。それによって自分の人生を超越し、自分の内面にある最高の力を発揮できるのである。ストレスの研究で名高い故ハンス・セリエ博士は、健康で幸せに長生きする鍵は、世の中に貢献し、人のためになり、自分の気持ちも高揚する有意義な活動に身を捧げ、人の生活に喜びをもたらすことだと述べている。博士の座右の銘は、「汝の隣人に愛されるように努めよ」であった。

ジョージ・バーナード・ショー（訳注：英国の劇作家）は次のように語っている。

> これこそ人生の真の喜びである――自らが大切だと信じる目的のために働くことである。それは自然の力と一体になることであって、世界が自分を幸せにしてくれないと嘆いたり、不平を言ってばかりいる利己的な愚か者になることではない。私は自分の人生がコミュニティ全体に属するものであると考える。したがって、命ある限りコミュニティのために尽くすことは私の名誉なのだ。死ぬときには自分のすべてを使い果たしていたい。なぜなら働けば働くほど、より生きてい

自分の考えを変える。
問題はいつも自分の中

私の人生の意味
私の役割とは
母として、妻として、タレントとし
一人の人間として。

るということだからだ。私は生きることにこの上ない歓びを感じる。私にとって人生とは短いろうそくではない。それは私に手渡され、私が今このときに掲げている松明のようなものだ。だからそれを次の世代に手渡すまで、できる限り赤々と燃やし続けたいのである。

同じように、N・エルドン・タナー（訳注：米国の宗教家）はこう言っている。「奉仕とは、この地球に住む特権を得るための家賃である」人に奉仕する方法はいくらでもある。教会や奉仕団体に属していようがいまいが関係ない。多くの人のためになる仕事に就いているかどうかも関係ない。少なくとも一人の誰かに無条件の愛を注ぐ機会なしに一日が終わることはないはずだ。

他者への脚本づけ

ほとんどの人は、自分の周りの人たちの意見やものの見方、パラダイムに脚本づけされている。そのような社会通念の鏡に映った自分の姿が本当の自分だと思っている。しかし、相互依存の状態にいる人は、他者にとっては自分自身も社会通念の鏡の一部であることを自覚している。

私たちは、その鏡に歪みのない鮮明な他者の姿を映してあげることができる。相手の主体性を認め、責任ある個人として接すれば、その人の本来の姿を映し出すことができる。その人が、原則を中心に置き、自分の価値観を大切にして自立し、世の中のためになる人間として生きていく脚本を書く手助けができる。豊かさマインドを持っている人なら、相手のポジティブな部分を映し出してあげても何も損なうものはない。それどころか、あなたの手助けによって本来の主体性が引き出された人と接する機会が増えるのだから、あなたにとってもプラスになるのである。

あなたのこれまでの人生を振り返ってみてほしい。すっかり自信をなくしていたとき、あなたを信じていてくれた人がいたはずだ。その人はあなたに良い脚本を与えてくれた。それがあなたの人生にどれだけ大きな影響を及ぼしただろうか。

もし、あなたが他者の良いところを認め、その人に良い脚本を与えることができるとしたらどうだろう。社会通念の鏡に映った自分が本当の自分だと思い込み、人生の坂道を転げ落ちようとしている人がいたら、あなたはその人の可能性を信じて、坂道を登っていけるように上を向かせることができる。その人の話に耳を傾け、その人の身になって共感する。その人の責任を肩代

困った時に沢山沢山助けてもらった。
どれだけ救われたか。
次は私の番だ!!

わりしてやるのではなく、その人が主体的な人間になって責任を果たせるように励ますのである。

『ラ・マンチャの男』というミュージカルをご存じだろうか。中世の騎士がアルドンサという娼婦に出会う美しい物語である。娼婦であるアルドンサは、人々から見下され、ふしだらな女と決めつけられていた。

しかし、詩人の心を持つ騎士は、彼女の中にまったく違う姿を見出していた。彼の目には、美しく気高い女性が映っていたのである。騎士はアルドンサの素晴らしさを何度も彼女に伝えた。そして彼女にドルシネアという新しい名前を与えた。それを機に、彼女の人生に新しいパラダイムがもたらされる。

最初のうち、騎士にいくら認められても、彼女は騎士をかたくなに拒絶していた。古い脚本の力はちょっとやそっとでは崩れないのである。騎士を頭のおかしい空想家だと思い、軽くあしらっていた。しかし、騎士は諦めずに無条件の愛を注ぎ続け、彼女の古い脚本に少しずつ入り込んでいった。騎士の態度が彼女の本来の姿を呼び戻し、彼女の内面に眠っていた可能性を引き出す。やがて彼女も騎士の態度に反応し始める。少しずつ、彼女は自分の人生のあり方を変えていく。騎士が映し出してくれる自分の姿を信じ、その新しいパラダイムに従って生き、

沢山褒める
自信をつけた
子育ても同じではないだろうか。プラスな言葉を使う。

周りの人たちがため息をつくほど変わっていくのである。

その後、彼女が以前のパラダイムに戻りかけたとき、騎士は彼女を自分の病床に呼び、「見果てぬ夢」という美しい歌を唄い、彼女の目をじっと見つめてささやいた。「君はドルシネアだ。それを忘れてはいけない」

自己達成予言にまつわる有名な逸話を紹介しよう。イギリスの学校で起こった話である。

コンピューターのプログラミングを間違ったために、成績の優秀なクラスが「劣等」となり、成績の劣るクラスが「優等」となってしまった。このコンピューターから出力されるデータは、学年度の初めに教師に手渡され、教師はその資料をもとに受け持つクラスの学力を把握して授業の準備をした。

五ヵ月半後にようやくプログラミング上のミスが判明したのだが、学校側はその事実を伏せたまま、生徒たちに知能テストを実施することにした。結果は驚くべきものだった。本当の「優等生」たちのＩＱはかなり下がってしまっていた。知力が劣り、非協力的で教えにくい生徒というレッテルを貼られ、そのような扱いを受けてきた結果だった。教師の間違ったパラダイムが実際に生徒たちに影響を与え、自己達成予言となったのである。

一方、本当は「劣等生」だったはずの生徒たちのＩＱは上がっていた。教師はこの生徒たちを優等生として扱い、一人ひとりの生徒に対する教師の期待が生徒自身にも伝わり、子どもたちは熱意と希望を持って積極的に授業に取り組んだ結果だった。

教師たちは、新学年になって最初の数週間の印象を尋ねられて、「どういうわけか、それまでの指導方法がうまくいかなかったので、教え方を変えてみました」と答えている。渡されたデータでは優秀な生徒たちなのだから、うまくいかないのは教え方に問題があるのだと思い、教え方を工夫したのである。教師たちは主体的になり、影響の輪の中に力を注いだ。要するに、生徒の学力が劣っているように見えるなら、それは教師の側に問題があるのであって、柔軟な対応が欠如しているからなのである。

私たちは他者に対して、そこにどんな姿を映してあげているだろうか。そして、それらは彼らの人生にどれだけの影響を及ぼしているだろうか。他者の姿は、その人の人生に計り知れない影響を及ぼしているのである。ものの見方を変えれば、他の人たちの信頼口座に大きな預け入れができる。配偶者、子ども、同僚、部下と接するとき、相手の内面に眠っている潜在能力が見え

子供を「劣等生」にしてはいけない。
言葉かけに注意!!

私が素敵だなぁと思う人に人の悪いところを見る人はいるだか。人の良いところばかり見ていけか。そんな人になりたい!!

る人は、記憶よりも想像力を使う。相手にレッテルを貼ろうとせず、会うたびに新鮮な目でその人を見ることができる。そうしてその人自身が自立し、深い満足感を持ち、豊かで生産的な人間関係を育てていけるように手助けするのである。

ゲーテは次のような言葉を残している。

「現在の姿を見て接すれば、人は現在のままだろう。人のあるべき姿を見て接すれば、あるべき姿に成長していくだろう」

再新再生のバランス

自分を再新再生するプロセスを行うためには、肉体、精神、知性、社会・情緒の四つの側面すべてにわたってバランスよく刃を研がなくてはならない。

四つの側面はそれぞれに大切だが、四つのバランスを考えて磨くことによって最大の効果が得られる。どれか一つでもおろそかにしたら、他の三つの側面に必ず悪影響が及ぶ。

これは個人に限らず組織でも同じである。組織の場合で言えば、肉体的側面は経済性である。知的側面は、人材を発掘して能力を開発し、有効に活用することだ。社会・情緒的側面は、人間関係やスタッフの処遇である。そして精神的側面は、組織の目的や貢献、組織としての一貫した姿勢を通して存在意義を見出すことである。

これら四つのうちどれか一つでも刃が鈍っていたら、組織全体に悪影響が波及していく。大きくポジティブなシナジーを創り出すはずの創造的なエネルギーが、組織の成長と生産性を妨げる抑止力になってしまうのだ。

経済的側面の刃しか研がない組織は少なくない。金儲けだけを考えている組織だ。もちろん、その本音をおおっぴらには言わない。表向きには聞こえのよい目的を掲げている場合もある。しかし一皮むけば、金を儲けることしか眼中にない。

このような企業では必ず、ネガティブなシナジーが創り出されている。部門間の争い、保身優先で建前だけのコミュニケーション、政治的な駆け引き、策略などが横行している。たしかに利益がなければ組織は効果性を発揮できなくなるが、組織の存在意義はそれだけではない。人は食べなければ生きてはいけないが、食べるために生きているわけではないのだ。

これと対極にあるのが、社会・情緒的側面の刃だけをせっせと研いでいる組織である。このような組織は、組織の価値基準から経済性を排除したらど

なぜ仕事をするのか。
お金だけを考える仕事のやり方は寂しくなる。

められていることに
答えていきたい!!

仕事→大変なこともあるけどやっぱり楽しい。。

うなるかという社会的実験を行っているようなものである。組織の効果性を測る基準を設定していないから、あらゆる活動の効率が落ち、非生産的になって、しまいには市場から追い出されるのである。

四つの側面のうち三つまでなら刃を研いでいるが、四つ全部まで手がまわらない組織が多いのではないだろうか。たとえば、組織としてのサービス水準（精神的側面）、高い経済性（肉体的側面）、良い人間関係（社会・情緒的側面）はうまく再新再生できていても、才能を見出し、能力を伸ばして有効に活用し、認める知的側面は手薄になっているというようなケースだ。この知的側面の刃が鈍っている組織のマネジメント・スタイルは、見た目は穏やかだが内実は独裁で、その結果、組織内の反発や抗争、高い離職率など深刻で慢性的な文化の問題を抱えることになる。

個人だけでなく組織においても効果的に力を発揮するためには、四つの側面すべてをバランスよく伸ばし、再新再生する努力が必要である。どれか一つでも刃が鈍っていたら、それが組織の効果性と成長を妨げる抑止力として働く。組織でも個人でも、四つの側面のすべてをミッション・ステートメントに盛り込めば、バランスのとれた再新再生の枠組みになるだろう。

このような継続的改善のプロセスがＴＱＣ（Total Quality Control：全社的品質

管理）の核をなすものであり、日本経済の発展を支えているのである。

再新再生のシナジー

バランスのとれた再新再生そのものが、シナジーを創り出す。四つの側面は密接な相関関係にあるから、どれか一つの側面の刃を研げば、他の側面に良い影響を与える。肉体の健康は精神の健康に影響し、精神の強さは社会・情緒的な強さに影響する。一つの側面の刃が鋭くなれば、他の三つの側面の刃も鋭くなる。

「7つの習慣」によって四つの側面のシナジーが創り出される。四つの側面のどれか一つの刃を研ぐと、「7つの習慣」のうち少なくとも一つを実践する能力が高まる。習慣には順番があるとはいえ、どれか一つの習慣が改善されると、シナジー的に他の六つの習慣を実践する力も高まっていくのである。

たとえば、あなたが主体的に行動するほど（第1の習慣）、自分の人生を自分で導くパーソナル・リーダーシップ（第2の習慣）と自分を律するパーソナル・マネジメント（第3の習慣）の能力が向上する。パーソナル・マネジメントの能力が高まれば、第Ⅱ領域に属する再新再生の活動（第7の習慣）を実行できるようになる。そして、まず相手を理解する努力をするほど（第５の習慣）、お互いの間にシナジーが創り出され、Ｗｉｎ－Ｗｉｎの結果を効果的に見出せるようになる（第４、第６の習慣）。自立に至る習慣（第１、第２、第３の習慣）のどれか一つでもしっかり身につければ、相互依存の関係を育む習慣（第４、第５、第６の習慣）を効果的に実践できるようになる。そして再新再生（第７の習慣）は、他の六つの習慣すべてを再新再生させるプロセスなのである。

肉体的側面を再新再生する活動は、あなたの自信を強くし、自覚と意志、主体性を向上させる（第１の習慣）。周りの環境から影響を受けるのではなく、自分から働きかけること、どんな刺激に対しても反応を自分で選択することで、主体的に行動できるようになるのだ。おそらくはこれが、定期的に運動して肉体的側面の刃を研ぐ最大のメリットだろう。毎日の私的成功の一つひとつが、心の安定口座への預け入れになるのである。

精神的側面を再新再生する活動は、あなたのパーソナル・リーダーシップを育てる（第２の習慣）。記憶だけに頼らず、想像力を働かせ、良心に従って生きる能力が向上するのである。あなたの内面の奥底にあるパラダイムと価値観を深く理解し、正しい原則を内面の中心に据え、自分の人生のミッションを明らかにし、正しい原則と一致した生活を送れるように人生の脚本を書き直し、内面の強さの根源を生かして生きていけるようになる。精神の再新再生によって私生活が豊かになることも、心の安定口座への預け入れになる。

知的側面を再新再生する活動は、あなたのパーソナル・マネジメント能力を高める（第3の習慣）。一週間なり一日なりの計画を立てることで、波及効果の高い第Ⅱ領域の活動に意識が向き、優先すべき目標、自分の時間と労力を投じるべき活動をはっきりと認識し、優先順位に従って活動を計画し実行できるようになる。継続的に自己研鑽を行うことによって、知識が豊かになり、選択肢が広がっていく。個人の経済的安定は仕事や社会からもたらされるのではなく、自らの生産能力――自分で考え、学び、創造し、変化に対応する力――から得られる。それが本当の意味での経済的自立である。経済的自立とは富を持つことではなく、富を生み出す能力を持つことであり、その能力は自分自身の内面で育てるべきものなのだ。

毎日の私的成功は、「7つの習慣」を身につけ実践する鍵である。毎日少なくとも一時間、肉体、精神、知性の刃を研ぎ、日々私的成功を重ねていくことは、あなたの影響の輪の中でできる努力である。この毎日の一時間は、「7つの習慣」を生活に根づかせ、原則中心の生き方をするために必要な第Ⅱ領域の活動に投資する時間なのである。

子供たちの1日の計画もしっかり立ててみよう!!

また、毎日の私的成功は「毎日の公的成功」の土台にもなる。内面がぐらつかず安定していてこそ、社会・情緒的側面の刃を研ぐことができるからである。毎日の私的成功の土台があれば、相互依存の社会において自分の影響の輪に力を注ぐことができ、豊かさマインドのパラダイムを通して他者を見られるようになり、自分と他者の違いを尊重し、他者の成功を心から喜べるようになり、他者を本気で理解してシナジーを創り出し、Ｗｉｎ－Ｗｉｎの解決策を見つける努力ができるようになり、相互依存の現実の中で第４、第５、第６の習慣を実践する土台ができるのである。

上向きの螺旋

再新再生は、成長と変化を繰り返しながら、螺旋階段を登るようにして自分自身を継続的に高めていく原則である。

この螺旋階段を確実かつ継続的に登っていくためには、再新再生に関するもう一つの側面について考える必要があり、それによって人は螺旋階段を降りるのではなく、上へ上へと登っていけるのである。それは人間だけに授けられた能力の一つ、良心である。フランスの小説家スタール夫人の言葉を借りよう。

「良心の声はいかにもか細く、もみ消すことは簡単である。しかしその声はあまりにも明解で、聞き間違えることはない」

良心とは、心の声が聞こえる限り私たちが正しい原則に従っているかどうかを感じとり、正しい原則に近づかせてくれる持って生まれた才能なのだ。

スポーツ選手にとっては運動神経と肉体を鍛えることが不可欠であり、学者にとっては知力を鍛えることが不可欠であるように、真に主体的で非常に効果的な人間になるためには良心を鍛えなければならない。しかし良心を鍛えるには、より高い集中力、バランスのとれた自制心が必要であり、良心に誠実であることを常に心がけなければならない。精神を鼓舞するような書物を定期的に読み、崇高な思いを巡らせ、そして何より、小さく、か細い良心の声に従って生きなければならないのである。

ジャンクフードばかり食べ、運動しない生活を続けていれば肉体の調子がおかしくなるのは当然である。それと同じように、下品なもの、猥褻なもの、卑劣なものばかりに接していたら、心に邪悪がはびこって感受性が鈍り、善悪を判断する人間本来の自然な良心が追いやられ、「バレなければかまわない」という社会的な良心が植えつけられてしまう。

…は
…じょうぶ？
…供たちは
…じょうぶ？
⇓
親の背中を
見て育つ☆
親がお手本を
見せる!!

今回、この本との出会いは
自分を変えるチャンス!!
良心を鍛える。

ダグ・ハマーショルドは次のように語っている。

己の中の野性が暴れるとき、人は完全に動物になっている。嘘をつくとき、人は真理を知る権利を放棄している。残酷な行為を働くとき、人は知性の感覚を失っている。きれいな庭をつくりたい者は、雑草の生える場所を残しておきはしないのだ。

私たち人間は、いったん自覚を持ったなら、自分の人生を方向づける目的と原則を選択しなければならない。その努力を怠ったら、刺激と反応の間にあるスペースは閉ざされ、自覚を失い、生存することと子孫を残すことだけを目的に生きる下等動物と同じになってしまう。このレベルで存在している人は、生きているとは言えない。ただ「生かされている」だけである。人間だけに授けられた能力は自分の中でただ眠っていて、それらを意識することもなく、動物のように刺激に反応して生きているにすぎないのである。

人間だけに授けられた能力を引き出し、発揮するのに近道はない。収穫の法則はここでも働いている。種を蒔いたものしか刈り取れないのであって、それ以上でもそれ以下でもない。正義の法則は時代を超えて不変であり、自分の生き方を正しい原則に近づけるほど、判断力が研ぎ澄まされ、世の中の仕組みがよく見えてくるし、私たちのパラダイム――私たちが生きる領域を示す地図――も正確になっていくのである。

上向きの螺旋を登るように成長していくためには、良心を鍛え、良心に従って再新再生のプロセスを一歩ずつ進んでいく努力をしなければならない。良心が鍛えられれば、私たちは自由、内面の安定、知恵、力を得て、正しい道を歩んでいくことができる。

上向きの螺旋階段を登るには、より高い次元で**学び**、**決意**し、**実行**することが求められる。このうちのどれか一つだけで十分だと思ったならば、それは自分を欺いていることになってしまう。たえず上を目指して登っていくには、学び、決意し、実行し、さらにまた学び、決意し、実行していかなくてはならないのである。

常に誠実な心を持ち続けたい。

人生は学び!!
感謝の心を忘れずに全てのことを学びだと思い成長していこう。

成長の螺旋

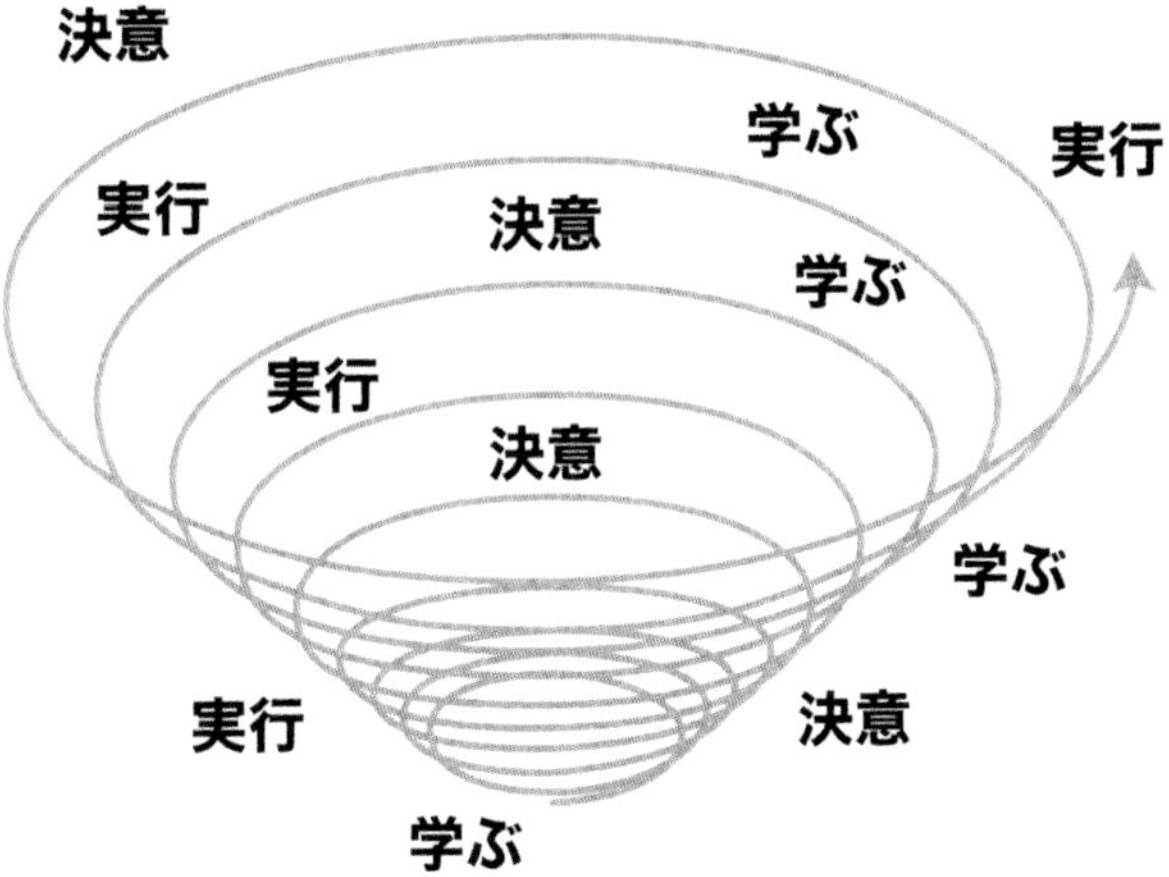

プラスの気持ちに変換（失敗もプラスに）
誠実な心
人を決めつけず、
理解する。
他者の成功を喜ぶ

自分が目指すこと、大切にすることは何か。

（スケジュール）
自分と子供用と
やってみよう。

第7の習慣：刃を研ぐ　実践編

1　肉体を健康的な状態に維持する活動をリストアップしてみる。自分のライフスタイルに合っていて、楽しみながら長く続けられる活動を考えてみよう。

2　1でリストアップした活動の中から一つ選び、来週のスケジュール表に自分を高めるための目標として書き込んでおく。週末に自己評価してみる。目標を達成できなかったら、その目標よりも重要な用事ができて、それを優先しなければなかったからなのか、それとも自分で決めたことを守れず、自分の価値観に忠実でなかったからなのか考えてみよう。

最優先事項を優先。

3　精神的側面と知的側面についても、同じように再新再生の活動のリストをつくってみる。社会・情緒的側面では、改善したい人間関係や、公的成功においてより大きな効果性をもたらす具体的な状況をリストアップしてみる。それぞれのリストから一週間の目標を一つ選び、実行し、自己評価する。

4　毎週、四つの側面のそれぞれについて「刃を研ぐ」活動を書いて決意し、実行する。結果を自己評価する。

睡眠時間
食事　○自然
音楽
読書
テレビの内容、時間

時間を投資。

なるべく歩く!!
（早歩きを意識）
子供たちと遊びながら
自宅で運動。
朝のストレッチ。

「ありがとう」と
感謝の気持ちの中で
日々 笑顔で
過ごせますように♡♡